AF258069

OBSERVATIONS

SUR L'ARTICLE

DU RAPPORT DE LA COMMISSION DU BUDGET DES DÉPENSES,

RELATIF AUX COLONIES, POUR L'ANNÉE 1817.

PARIS,

J. G. DENTU, IMPRIMEUR-LIBRAIRE,
rue des Petits-Augustins, n° 5 (ancien hôtel de Persan).

1817.

OBSERVATIONS

Sur l'article du Rapport de la Commission du Budget des dépenses, relatif aux Colonies, pour l'année 1817.

La commission du budget, pour les dépenses de l'année 1817, propose à la chambre des députés de réduire de 50,570,000 fr. à 44 millions les fonds demandés par le ministre de la marine; et cette réduction paraît porter spécialement sur les fonds applicables aux dépenses des colonies.

M. le rapporteur de la commission dit « qu'en 1814, sous le ministère de M. Malouet, qui avait servi long-temps dans les colonies, il fut décidé que, jusqu'à des temps plus heureux, ces établissemens se suffiraient à eux-mêmes. »

« Pendant la dernière guerre maritime, pour-« suit M. le rapporteur, les colonies recevaient « seulement chaque année quelques secours,

(4)

« soit en argent, soit en crédit, sur les États-
« Unis et le trésor public, et alors les garnisons
« étaient beaucoup plus nombreuses qu'il ne
« paraît nécessaire de les avoir aujourd'hui.

« Les colonies, dit encore M. le rapporteur,
« quoique peuplées de Français, sont affran-
« chies du poids énorme de l'arriéré et des im-
« pôts de guerre. »

Il est notoire que ce qui a été décidé à l'égard
des dépenses des colonies, sous le ministère de
M. Malouet, n'a été qu'une capitulation tem-
poraire, à laquelle l'esprit conciliant de ce ministre fut entraîné par la force des circonstances.
Car, à cette époque, des hommes très-influens
mirent en question l'utilité dont pouvait être à
la France une marine et des colonies : tant l'esprit de système et la manie d'innover avaient
pris d'empire en France !

Et cependant, à cette même époque, nos
colonies ne furent pas laissées sans secours
d'argent et d'approvisionnemens. On en trou-
vera facilement la preuve dans les archives du
ministère de la marine ; et lors de la remise de
la Guadeloupe, aux commissaires de Sa Majesté,
M. du Buc-Saint-Olympe, qui en avait eu durant
cinq années l'administration, leur remit, tant
en argent qu'en crédit, une somme d'environ

1400 mille livres, argent des colonies, qui aida aux dépenses de 1815 (1).

Des secours plus abondans que ceux que M. Malouet et les ministres qui lui succédèrent firent passer dans nos colonies, leur ont été accordés par la sollicitude du ministre actuel, qui les jugea sans doute de nécessité absolue à ces établissemens, si cruellement traités durant les vingt-cinq dernières années qui viennent de s'écouler.

Les archives du ministère de la marine attesteront encore que jamais les colonies n'ont autant coûté à leur métropole que durant ce dernier période (j'en excepte les années pendant lesquelles la tyrannie révolutionnaire priva la masse entière des propriétaires de la Guadeloupe de leurs revenus, et réduisit sa population noire de 110,000 à 80,000 ames), et la France ne pouvait en attendre alors aucun avantage présent ; mais on n'en était pas encore arrivé à croire les colonies plus à charge qu'utiles à leur métropole. On fournissait à l'excessive dépense qu'exigeait leur protection, dans l'es-

---

(1) Cette somme résultait des économies des cinq années durant lesquelles la Guadeloupe n'avait eu à payer ni solde, ni nourriture, ni logement des troupes anglaises qui en formaient la garnison.

poir d'en obtenir, à une époque plus éloignée, ces prodigieux résultats, qui furent durant un demi-siècle le principal élément de la prospérité de la France.

Le moment est arrivé de ramener l'attention de ceux auxquels sont confiées les destinées de la France, sur le système colonial qui rendit nos établissemens à sucre d'une telle utilité pour leur métropole, que le cinquième de la population du royaume recevait d'eux son existence. L'oubli des principes qui servaient de base à ce système porterait, dans nos temps de difficultés, un coup mortel à ces établissemens.

Jamais les écrivains qui ont exercé leurs talens dans le vaste champ de l'économie politique, n'ont rien imaginé d'aussi ingénieux que ce que le hasard procura à l'Europe dans ses rapports avec l'Amérique. On n'y cherchait que le signe de la richesse ; et les richesses réelles que procurèrent des cultures auxquelles les aventuriers français et anglais se livrèrent, sans que leurs gouvernemens présumassent quel en serait le résultat, vinrent créer dans le sein de ces nations un moyen artificiel d'étendre leur commerce au-delà de ses bornes naturelles, et d'augmenter leur population en agrandissant le cercle de leur industrie, sans avoir à craindre aucune concurrence, aucune rivalité étrangère.

Mais ce fut la France qui obtint de ses établissemens à sucre les plus grands, les plus beaux résultats. Elle le dut moins à la législation à laquelle elle soumit ses colonies, qu'à l'active industrie des Français et à la fertilité des îles dans lesquelles ils s'établirent.

En effet, les lettres-patentes de 1727 soumirent ces établissemens naissans à la même prohibition sous laquelle l'Angleterre plaça ses colonies; et cette parité de traitement donnait aux colonies anglaises cet avantage sur les nôtres que leur métropole, ayant plus de capitaux et de commerce que de colonies, fournissait aux planteurs surabondance de moyens de pousser leurs cultures, quand le commerce français se trouvait dans une proportion inverse avec nos colonies.

Ce régime prohibitif dura jusqu'en 1764, qu'un administrateur, dont le courage et les vertus égalaient le génie, osa proposer au gouvernement de soumettre les lois prohibitives qui régissaient les colonies à des modificaions qui, en assurant l'existence de leur nombreuse population noire, et en procurant à leurs manufactures des matériaux plus abondans et à des prix plus modérés, devaient rendre ces établissemens beaucoup plus utiles encore à leur métropole.

De là l'édit de 1765, qui ouvrit dans nos colonies des entrepôts aux Anglais-Américains pour l'introduction des poissons salés, indispensablement nécessaires à la nourriture des nègres, et des bois, mairains et autres objets que le commerce français ne fournissait pas à leurs manufactures, avec faculté d'en exporter la mélasse, dont il ne pouvait procurer le débouché.

Ce fut encore à cette époque seulement que les idées sur la théorie des colonies à sucre se fixèrent, et que le système colonial fut dégagé de la gêne dans laquelle les prétentions réciproques des négocians et des colons avaient constamment placé l'administration.

Jusque-là, la métropole avait fourni la totalité des dépenses qu'exigeaient le maintien et la protection des Petites-Antilles, à une très-faible portion près, qui était levée par un impôt de capitation sur les esclaves; et le Roi, dans les instructions qu'il donna à MM. d'Ennery et de Peynier lorsqu'ils furent nommés, en 1765, administrateurs de la Martinique et de la Guadeloupe, crut de sa justice de consigner dans ces instructions le principe : « Que les colonies ne

« devaient aucun impôt à la métropole, » Sa Majesté déplorant la nécessité dans laquelle l'état de ses finances la mettait de faire concourir la Martinique et la Guadeloupe à la dépense qu'exigeait leur protection, par une contribution de 600 mille livres pour chacune de ces deux îles.

En effet, les colonies, quoique dépendantes du royaume, ne peuvent cependant être assimilées à aucune province de France; et quoique partageant avec toutes les autres parties de l'empire, les bienfaits de la protection du gouvernement, les colonies ne doivent point concourir avec elles aux frais qu'entraîne cette protection, parce qu'elles ont leur manière particulière de contribuer à cette charge.

Cette manière est l'obligation de recevoir du commerce français exclusivement tous les objets de consommation, et de réserver exclusivement pour leur métropole toutes les productions de leur sol.

Et déjà l'on aperçoit dans l'utilité qui résulte pour le fisc de l'impulsion que ces rapports exclusifs donnent à l'industrie nationale, soit par les cultures, en offrant un débouché à l'excédant de la consommation métropolitaine, soit par les manufactures qui trouvent sur les marchés de nos îles un débit sans concurrence, soit enfin par la navigation, moyen indispensable de communication ; l'on apperçoit, disonsnous, dans cette utilité, un ample contingent payé par les colonies dans la masse des impôts du royaume (1).

Mais des motifs d'un ordre supérieur aux

---

(1) Nous nous bornons à indiquer le principal objet de l'établissement des colonies à sucre ; car si nous voulions suivre dans toutes leurs ramifications les avantages qu'en retire la métropole, nous excéderions de beaucoup les bornes que nous nous sommes tracées ; et néanmoins nous croyons devoir ajouter que le droit de consommation que paient en France les denrées coloniales, doit être considéré comme étant pour moitié au moins à la charge du planteur colon ; que la concurrence établit sur les marchés de France entre les sucres étrangers et ceux des colonies françaises (quoique, bien cultivées, elles pussent en fournir assez pour sa consommation, et l'affranchir du tribut qu'elle paie à l'étranger), est un impôt indirect sur le propriétaire colon, dont le sucre aurait une plus grande valeur s'il se débitait sans rivalité.

Qu'enfin nos colonies ne sont pas seulement consommatrices des marchandises que la métropole leur fournit ; qu'elles servent encore d'entrepôt pour l'écoulement des objets de manufactures françaises sur les marchés des colonies voisines ; que les Espagnols de la Terre-Ferme de l'Amérique, non seulement reçoivent ces objets en paiement des bêtes de somme qu'ils

principes de commune justice, et d'autres pui-
sés dans la nature des établissemens à sucre,
porteront, dans leur simple exposé, la démons-
tration qu'il serait absurde d'en exiger d'autres
contributions.

Pour obtenir des résultats aussi précieux au
commerce de la métropole, le propriétaire
colon est obligé d'employer des esclaves, dont
le sort sera sans doute pour les législateurs
français un objet de sollicitude, comme il l'a
été constamment de celle de nos rois.

Le sol que cultivent ces esclaves ne produit
que des denrées de luxe, et une très-petite
portion des alimens nécessaires à leur existence.
La viande et le poisson salé, les vêtemens, les
drogues nécessaires aux hôpitaux exigent de
continuels déboursés; l'humanité du colon, d'ac-
cord avec son intérêt, a encore besoin d'être
secondée par la justice du gouvernement, pour
que cette partie la plus précieuse de ses pro-
priétés ne soit pas abandonnée aux hasards
d'un climat dont la marche convulsive trompe
tous les calculs.

---

importent à la Martinique et à la Guadeloupe, mais
qu'ils en paient en piastres et en quadruples pour de
fortes sommes, et que cette branche de commerce
peut devenir immense si elle est encouragée.

Un ouragan détruit-il les vivres, seules ressources du sol colonial, ou des variations commerciales élèvent-elles les prix des approvisionnemens extérieurs? Ce n'est qu'à force d'argent que le colon peut garantir de la famine sa nombreuse famille.

Le même fléau prive-t-il les nègres de tout abri, endommage-t-il, détruit-il les usines? Ce n'est que par d'immenses déboursés que le planteur répare de telles pertes.

La soustraction que l'impôt ferait des revenus destinés à un pareil usage, serait un acte administratif complètement absurde; car il tendrait à diminuer la masse annuelle des productions destinées à payer les objets de consommation que fournit la métropole, et conséquemment la consommation, unique objet de l'établissement des colonies. Il opérerait en sens inverse de la fin qu'on s'est proposé (1).

Les personnes étrangères aux localités coloniales ne sauraient calculer, par analogie, l'effet de ces pertes sur les manufactures à su-

____

(1) Les villes de nos colonies n'offrent pas aux agriculteurs la ressource des emprunts dans les temps de détresse, parce qu'on n'y trouve pas cette classe d'hommes qui, dans les villes d'Europe, vivent du produit de capitaux circulant à un intérêt légal.

cre; car elles n'en ont aucune avec celles qui sont connues en Europe. La diminution de leur produit n'est pas en proportion exacte des pertes qu'occasionnent les évènemens dont nous venons de parler. Nos colonies ont une arithmétique qui leur est propre : deux et deux peuvent y faire six, et même dix, peut-être plus encore. Les pertes éprouvées par un planteur agissent dans les mêmes proportions sur la masse de sa propriété.

Une sucrerie se compose d'une somme de terre, d'une somme d'esclaves, d'une somme de bâtimens ou d'usines, d'une somme de bétail et d'une somme d'instrumens aratoires. C'est de l'harmonie de ces diverses parties, quoique de valeurs inégales, que dépend la prospérité de l'établissement. L'absence d'une partie quelconque de ce grand tout peut le frapper de paralysie, comme il arriverait de l'absence d'une goupille dans l'ensemble d'une montre, quoique, matériellement considérée, cette goupille ne soit qu'un infiniment petit par comparaison avec les autres parties de la montre.

La perte d'un nègre chargé de raffiner le sucre diminuera le revenu d'une sucrerie de quatre, cinq et six fois la valeur numérique de cet esclave.

Une épizootie détruit - elle le bétail d'une plantation de la valeur d'un million? le revenu brut de cette plantation, qu'on peut évaluer à cent mille francs, sera nul, quoique la valeur numérique du bétail perdu n'excède pas trente mille francs, si le planteur n'est pas en mesure de remplacer immédiatement cette perte.

Des établissemens de cette nature, placés sous un ciel homicide, dans des contrées qui n'offrent aux planteurs, en compensation d'une vie laborieuse et d'une sorte d'exil, aucune des jouissances dont la métropole abonde, auraient droit à toute la faveur du gouvernement, encore que les principes d'humanité, les inspirations de la justice et les plus simples notions d'économie politique ne les couvriraient pas de leur égide, et ne repousseraient pas le projet de leur laisser la charge des dépenses de leur gouvernement (1).

______

(1) La somme portée au budget des dépenses du ministre de la marine, est certainement insuffisante pour payer toutes les dépenses des colonies; mais l'homme d'état dans le département duquel se trouve leur administration, aura sûrement pris la mesure des sacrifices qu'on peut temporairement en exiger sans compromettre leur existence.

FIN.

9 782013 436755